Cet ouvrage présente un travail photographique mené, de 2007 à 2010, sur la transformation d'un foyer de travailleurs migrants en résidence sociale. Ce foyer est situé 15, boulevard de la Commanderie dans le 19e arrondissement de Paris.

Photographe, je travaille depuis plusieurs années sur la thématique de la relation de l'homme au territoire ; ce même fil rouge m'a guidé au sein du foyer Commanderie.

C'est un regard sur la mémoire du lieu et son futur au travers des parcours de ceux qui y vivent. Certains habitent ce foyer depuis plus de 30 ans et le changement redéfinit notablement le mode d'occupation de l'espace. En effet, à l'issue des travaux, les résidents intégrent des studios autonomes, sans partage de vie collective en ce qui concerne les éléments de confort tels que cuisine et sanitaires.

Au gré de mes rencontres, j'ai réalisé des entretiens rendant compte de différents modes de vies au foyer. Ces témoignages permettent une approche sensible des réalités de vie de certains résidents. J'ai photographié ceux qui l'acceptaient ainsi que quelques éléments de leur environnement personnel.

Mes photographies ne suivent pas de façon exhaustive les différentes phases du chantier. Elles documentent certaines étapes de modifications du bâtiment, ainsi que la présence des équipes sur place.

Mon but a été de donner une visibilité nouvelle à une population qui en manque largement.

Commanderie

Commanderie

photographies

Vincent Leroux

textes

Carine Fouteau

Souhila Kellaci

Pascale Boistard

PERMIS DE CONSTRUIRE
Bénéficiaire :
SONACOTRA
Direction Régionale IDF
42, rue Cambronne
75740 PARIS Cedex 15
Tél : 01 40 61 42 00
Permis de Construire :
N° PC 075 019 04 V 0087 M1
Délivré le :
07/08/2006 par la Mairie d
Adresse des Travaux :
15 au 21, bld de la Comman
et 2 au 4, sente à Bigot - 750
S.H.O.N. créée :
1578,80 m2
Nature des travaux :
Modification de la distribu
intérieure et de l'aspect e
Le dossier peut être consulté (au titre de la publicité du
sur rendez-vous à la :
VILLE DE PARIS
Direction de l'Urbanisme
Sous-Direction du Permi
et du Paysage sur Rue
17, bld Morland
75181 PARIS Cedex 04
Tél : 01 42 76 24 94
PARIS
BOULEVAR

THOMSON
01

Ça fait 30 ans que j'habite ici.

En 1977, après mon travail, je prenais ma voiture et faisais du porte à porte dans tous les foyers pour vendre des pantalons, des costumes. Ce foyer venait d'ouvrir. Un copain habitait ici et m'a proposé de m'aider à y trouver une chambre. À l'époque je vivais dans une chambre d'hôtel dans le XVIIIe, les prix que je payais là-bas, c'était 2 fois plus cher qu'ici.
Un jour le directeur du foyer m'a appelé pour me dire qu'une chambre était libre au 5e mais quand je suis arrivé, elle était occupée. Le directeur a dit, il doit y en avoir une autre au 3e, c'est la même chambre depuis 30 ans.

Je ne l'ai jamais partagée avec personne.

J'ai juste un lavabo et un petit réchaud pour faire du café, tandis que dans les nouvelles chambres il y aura des plaques de cuisine pour faire à manger, la douche, les toilettes – la chambre sera plus petite mais avec tout dedans.
Actuellement les douches et toilettes sont en commun à l'étage – c'est jamais propre, c'est toujours bouché – tandis que là, tout sera chez moi – ce sera propre.

Yeli Diakité

Ça fait 3 ans que je suis au foyer.

Je suis arrivé directement ici, on m'a donné l'adresse, quelqu'un de ma famille m'a hébergé.
J'ai 35 ans. À Bamako j'étais enseignant, en primaire. Je m'occupais d'enfants de 6 à 12 ans, instituteur du premier cycle. Le contact avec les enfants, c'est mon point fort, j'adore ça – c'est quelque chose qui me manque beaucoup.

Ici, j'ai beaucoup de chance, dès mon arrivée j'ai travaillé.
Je travaille dans la grande distribution comme réassortisseur, le matin de 6 heures à 12 heures. Je me lève tous les jours à 4 heures du matin.
Je prends le premier bus.

Les gens qui vivent dans les foyers sont perçus comme des gens qui vivent mal.

Pour ceux de l'extérieur, un foyer d'immigrés c'est un endroit sale, où il y a trop de monde, du bruit... Au boulot, quand ils savent que tu habites dans un foyer, tu n'es plus respecté. Je ne l'ai pas dit à mon patron, mes amis ne savent pas que j'habite ici.
Je ne sais pas si la transformation en résidence sociale changera la façon dont les gens voient Commanderie, mais moi, je trouve que c'est bien, c'est tout ce que je souhaite : tu travailles, tu es chez toi, tu peux inviter tes amis, ta copine, tranquille.
C'est peut-être lié au fait que j'ai fait des études, je m'adapte à la vie, je peux avancer. C'est aussi une question d'éducation ou de mentalité.

Issa Mangara

GK
PROFESSIONAL
LAPEYRE

Ce qui m'a poussé à venir en France, c'est la pauvreté. J'ai mis 3 mois, j'ai eu de la chance. Je suis arrivé directement au foyer Commanderie. Dieu merci, je travaille, je suis agent de propreté, je fais le ménage.

Ça fait un moment que l'on attend les travaux au foyer, c'était vraiment dégradé. Mais il y a des choses avec lesquelles nous ne sommes pas d'accord. Les nouvelles chambres sont trop petites et trop chères.

Quand tu viens en France, tu ne viens pas avec des papiers, ou une chambre, tu viens grâce aux gens, à la solidarité.
Si tu as de la place dans ta chambre, et que quelqu'un de ta famille arrive, tu es obligé de l'héberger. Si tu ne l'accueilles pas, il va dormir où ?

Hadietou Corera

Je suis ici depuis 1991. J'ai reçu mes papiers en 2000, je travaille, je fais le ménage – avant j'étais plongeur.

Je suis originaire de la campagne – j'ai toujours ma famille là-bas, 6 enfants. Je retourne là-bas tous les 2 ans maximum, pour 2 ou 3 mois. Je cultive la terre.

J'ai commencé un projet d'agriculture – car je ne voulais pas rester ici jusqu'à la retraite et je ne voulais pas amener les enfants ici pour qu'ils vivent la même misère que moi. Ce n'est pas une vie : ma femme est au pays, mes enfants aussi, ils sont déjà grands et ne me connaissent même pas, je les vois tous les 1 ou 2 ans.

J'ai un grand terrain, de 3 km^2, j'ai acheté un tracteur ici que j'ai envoyé là-bas. Mon aîné travaille dessus avec sa mère – les autres sont à l'école.

On fait pousser des oranges, du maïs.

J'ai dit à mes enfants : « pour l'émigration, c'est moi le dernier. » Chaque mois, j'envoie la moitié de ce que je gagne au pays pour la réalisation du projet.

Maintenant les enfants ont compris, ils ont vu leur père faire des allers-retours pendant 30 ans, et ne gagner rien du tout. C'est pour ça que je leur ai dit : « oubliez la France, oubliez n'importe quel pays, trouvez un moyen de rester chez vous, en liberté. »

Moussa Cissé

Ça fait 6 ans que je vis ici.

J'avais un oncle qui habitait au foyer et quand je suis arrivé, il n'a pas voulu me laisser dormir dehors, alors il m'a hébergé. Quand on est dans un foyer, on se sent toujours au pays, même si on est en France, c'est la même mentalité que l'on retrouve, c'est la solidarité.

On vit en communauté – pour être solidaire envers les personnes les plus démunies. Si une personne ne travaille pas et n'a pas de quoi se nourrir, on partage le repas entre nous.

Je suis aide-cuisinier dans un restaurant – ça me plaît, c'est dur car je n'ai pas fait de formation, j'ai commencé plongeur, je me suis intéressé à la cuisine et petit à petit, je suis devenu aide-cuisinier à part entière.

Pour la transformation du foyer, le fait que les douches soient individuelles chacun aura son intimité et c'est quand même quelque chose de bien.

Par contre il ne sera plus possible d'héberger quelqu'un. Ce sera mal vécu et problématique pour ceux qui ne sont pas titulaires de leur chambre.

Quand je suis à l'extérieur et que je vois le bâtiment rénové, j'ai plaisir à le regarder – le jour où les travaux seront finis, les gens qui vivent ici n'auront pas honte de montrer où ils habitent. Les anciens n'en ont rien à foutre, car ils sont mariés, ils ont leur femme au pays, et donc le fait d'avoir des copines ça ne les intéresse pas. Les jeunes qui vivent au foyer sortent souvent avec des jeunes filles et généralement ne leur disent pas où ils habitent car c'est mal vu. Même au niveau du travail, en France, vivre dans un foyer est un handicap – tu n'es pas considéré de la même manière que les autres.

Kalilou Soumbounou

C 410
aux R. C.
Ch. N°

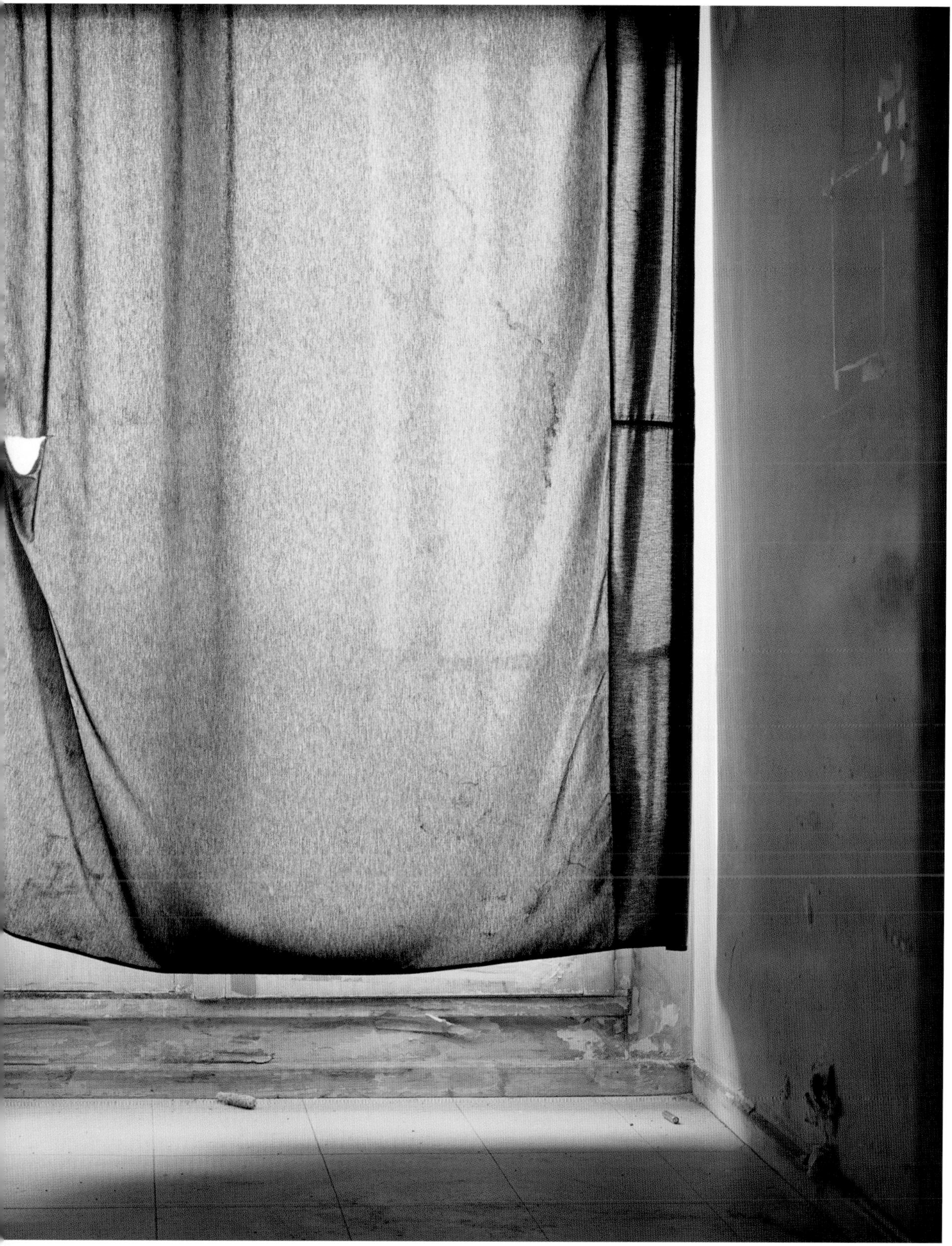

Jacques

Je suis arrivé ici le 15 décembre 1990. Directement au foyer Commanderie, c'était un vendredi à 1 h 35 du matin. Je m'en rappelle très bien. Depuis je suis au foyer. Quand je suis arrivé, j'ai dormi à droite, à gauche. J'ai même dormi dans la cuisine.

Je rentre tous les 3, 4 ans en Mauritanie.

Quand je rentre, c'est pour longtemps, 4 mois.
Presque tout ce que je gagne, je l'envoie là-bas. Ici, je paye mon loyer, le reste je l'envoie. J'ai 6 enfants et ma femme à Nouakchott.

Depuis qu'Adoma a repris la gestion du foyer, le seul problème, c'est avec les voisins, ils sont 3 ou 4 dans une chambre. Je ne dors pas la nuit, il y a trop de bruit.

Avant, il y avait les machines pour les tailleurs. Maintenant, les machines sont parties mais la chambre est toujours remplie.

Je suis prof de karaté, j'ai travaillé dans la sécurité, mais le travail ce n'est pas facile ; j'ai des papiers pour 1 an, renouvelables.

Quand tu habites dans un foyer, pour les autorités, c'est comme si tu étais SDF, pourtant on paye un loyer, les impôts...

Diadié Camara

Je suis venu en 2000. Je suis passé par le Maroc et j'ai traversé en barque, c'était très dangereux. En Espagne, on m'a amené à l'hôpital car j'étais blessé, j'ai eu de la chance, j'aurais pu mourir. On m'a donné un papier comme quoi j'étais maintenant en Europe. Je me suis dit, en Espagne, il n'y a pas de boulot.
Je suis arrivé en France, je n'avais pas de papiers, rien.

J'avais 25 ans. J'ai fait tout ce qui est possible pour travailler.

J'ai travaillé 2 ans sans arrêt. En ce moment, je ne travaille pas mais j'ai toujours eu du boulot, j'ai des bulletins de paye, les feuilles d'impôts. Tout était déclaré. Quand je suis arrivé en France, je me suis débrouillé pour écrire, lire, je ne savais rien. Ça fait 8 ans que je suis là, dans la galère. Je ne peux pas rester en Europe sans travailler.
J'ai des enfants, un est né en 1998, l'autre a 10 mois. Je me suis marié

à 14-15 ans. Là-bas, dès que tu sors avec une fille, les parents viennent te voir et te disent, maintenant, c'est ta femme. Si je n'avais pas d'enfants, je rentrerais chez moi et j'ouvrirais un petit commerce.

Je connais l'Europe, c'est dur ici, même les Français sont dans la galère. Mais eux ne travaillent pas dur comme nous, ils ont des droits, le RMI, moi je n'ai pas besoin de tout ça – juste du boulot.

Au pays, mes enfants vont à l'école. Je paye pour qu'ils aillent à l'école. Je travaille pour eux maintenant. Moi, je n'ai besoin que de manger. Mon père n'a pas eu les moyens de faire ça pour moi, mais moi je le fais pour eux.

Aliou Diallo

Kombosse Dabo

Je suis arrivé en France le 31 décembre 1967.
À l'époque, il n'y avait pas de titre de séjour, c'était une simple carte d'identité sénégalaise.
Mon premier travail, c'était à la Mairie de Paris. En mai 1968, je n'ai pas pu faire grève, j'étais nouveau, je venais de commencer.

Maintenant, je suis chauffeur dans une société de nettoyage, depuis 20 ans. Cette année, j'ai failli prendre ma retraite mais pour qu'elle soit complète, je dois travailler jusqu'à fin 2009. Je retourne en Afrique tous les 2 ans.

Quand je serai en retraite, je ne quitterai pas la France. Si je rentrais là-bas définitivement et si je tombais malade, je ne serai pas soigné comme ici. Je vais garder mon logement ici et faire des allers-retours.

Quand tu vis 40 ans dans un pays... Le temps que tu passes ici,
tu ne le passes pas là-bas, je ne peux pas partir d'ici.

Les nouvelles chambres sont petites pour accueillir des visiteurs
mais elles ne le sont pas pour vivre seul dedans.
Elles restent trop petites pour héberger des gens.
Mais le foyer ne sera plus fait pour ça, c'est une résidence sociale.

Silamaka Sow

Je vis au foyer depuis 1992.

Je suis parti de Mauritanie, en passant par le Maroc pour aller en Espagne. La barque a sombré pendant la traversée, la plupart de mes compagnons sont morts, c'est la marine espagnole qui m'a sauvé la vie.

Quand je suis arrivé à Paris, j'ai travaillé dans le bâtiment. J'ai été blessé à l'œil mais, sans papiers, je n'ai pas pu me faire soigner correctement. Après l'arrêt de 2002, j'ai fait une demande de papiers. En 2004, le Conseil d'État m'a accordé mes papiers car j'avais passé plus de 10 années sur le territoire. J'ai pleuré, tellement j'étais heureux.

Lorsque j'ai obtenu mes papiers, je suis rentré en Mauritanie, j'ai construit une maison à Nouakchott. Quand je suis revenu, j'ai demandé à Doucoure, un délégué, de m'aider à trouver une chambre. Je travaille de nuit, j'ai un salaire correct, si je n'ai pas d'endroit pour dormir dans la journée, ça ne va pas. J'ai fini par obtenir cette chambre.

Idrissa Corera

A202

GRAND SIECLE

Je vis au foyer depuis 1988.

Mon père résidait à Commanderie, il était là depuis longtemps, je suis venu pour l'aider. J'ai pu reprendre la chambre à mon nom.

Ça fait 3 mois que je suis dans la nouvelle chambre – celle-ci est bien mais les autres sont petites – elles font 10 m^2.

Dans la chambre que j'avais avant, on avait 2 lits. Mais je travaille la nuit, je nettoie des cuisines, et je ne dors pas bien la journée, à cause du bruit. Les nouvelles chambres, pour moi ça change beaucoup, maintenant je dors tranquille, avant je ne dormais que quand mon colocataire sortait. J'ai un seul jour de repos, le mardi, je peux dormir toute la journée.

Baba Gassama

Je suis arrivé directement au foyer Commanderie. Mon frère était déjà ici. J'ai des amis ailleurs, donc je peux aller dormir là-bas de temps en temps mais c'est ici que l'on me reconnaît comme habitant.

Le problème de la transformation, c'est que les chambres vont devenir petites, il sera impossible d'y rester à 2 ou 3. Les nouvelles chambres seront pour 1 seule personne, il faudra que je commence à chercher ailleurs.
Puis avant, on pouvait se retrouver dans la cuisine collective, être plusieurs à y discuter, mais maintenant, tout est dans la chambre.

M. Keita

CORIS

Je vis au foyer depuis 2001.

Je travaille très tôt le matin, à 6 heures. Je finis à midi et reprends l'après-midi jusqu'à 21 heures. Je suis laveur de vitre.

Quand on ouvre la porte des nouvelles chambres, la seule chose que l'on voit, c'est le lit. ça me gêne. Le lit, c'est un endroit intime. Dans un appartement de blanc français, ce n'est pas comme ça ! Les gars qui habitent dans les nouvelles chambres, ils mettent des tables, une petite barrière entre la porte et le lit.

Et la chambre est trop petite ; un appartement, c'est aéré, c'est grand. Ici on sera obligé de faire la cuisine dedans et la chambre sera imprégnée par l'odeur.

La transformation en résidence sociale va entraîner un grand changement. Depuis très longtemps nous avons été habitués à rester ensemble, en tant qu'africains noirs. Depuis les débuts de l'immigration, la France a fait les choses comme ça. Les gens se sont habitués à vivre entre eux. Dans une résidence sociale, on va mélanger les communautés : on reloge d'abord ceux qui habitent dedans et les chambres qui restent sont attribuées à des gens de l'extérieur.

Yelly N'Diaye

NO

Touré Sheiki

Quand on vit en appartement, ce n'est pas facile de trouver du travail. Tu es obligé de rester seul à la maison, tu ne peux pas sortir car tu ne connais pas les gens, tu es nouveau, tu viens d'arriver.
Dans le foyer c'est ouvert, tu peux fréquenter tes copains, parce qu'on a une mentalité africaine. Je peux venir chez toi sans te prévenir, taper à ta porte, on discute, on boit le thé.
C'est plus facile pour trouver un boulot, être dans un foyer, ça permet d'être dans des réseaux, de trouver plus vite du travail. C'est la vie communautaire qui permet ça.

Le fait que le foyer devienne une résidence sociale, ça change beaucoup de choses au niveau de la préfecture. Actuellement, tu peux dire « 15 boulevard de la Commanderie » sans dire le nom du foyer mais avant si tu dis « chambre » ou « foyer », tu ne peux pas obtenir ta carte de séjour de 10 ans. Ils ne te donnent que la carte de 1 an en 1 an. Parce que c'est comme ça. Je ne sais pas quel article ils ont appliqué mais c'est comme ça.

Abdourahmane N'Daye

ANDROS
PARIS

Entre les chambres, récit d'une vie au foyer

Carine Fouteau

On croit être à Aubervilliers, mais c'est encore Paris. Au-delà du périphérique, la Commanderie est un foyer de travailleurs immigrés situé dans une sorte d'excroissance territoriale, au nord de la capitale, coincée entre le canal Saint-Denis, prolongement du bassin de la Villette, et le boulevard Félix Faure, du côté de la porte de la Villette. Des tours, des voies rapides, des entrepôts, un entre-deux urbain, à la fois lieu de passage et impasse, à l'image de la vie de ses résidents, venus temporairement et finalement restés, plus vraiment d'ailleurs, pas tout à fait d'ici.

Ce foyer, géré par l'Adoma, ex-Sonacotra, sort de quatre années chaotiques. Rénovation, modification de l'espace, agrandissement. Les 290 « unités de vie » du départ ont cédé la place à 400 « studios autonomes », selon les termes du gestionnaire. De 2006 à 2010, l'immeuble s'est transformé en immense chantier, désossé par-ci, échafaudage par-là, coupures d'eau et d'électricité à répétition, marteau piqueurs en fond sonore.

Dans leur propre demeure, les locataires ont été contraints à une ultime migration. À tour de rôle, se déplaçant au rythme des travaux, ils ont quitté leur chambre pour s'installer, provisoirement, dans des « logements-relais », au rez-de-chaussée, avant de se voir attribuer un nouvel emplacement.

Arrivés tout jeune dans la France des années 1970, originaires du Mali pour la plupart, ils sont entrés dans le XXIe siècle en devenant « client », non plus d'un foyer, mais d'une résidence sociale, puisque c'est ainsi qu'on désigne la Commanderie modernisée. En échange, des normes sont édictées, suppression de la salle de prière, chasse aux vendeurs de maïs, interdiction de loger autrui. Mais les efforts d'Adoma ne suffisent pas à banaliser ce lieu hors norme. Ni d'ici, ni d'ailleurs : l'entre-deux des résidents n'est pas un vide. Organisé, évolutif, il est le produit d'une histoire de l'immigration.

Makan Camara a vécu ce dernier bouleversement, et les précédents. Il est l'un des tout premiers à avoir franchi le seuil du bâtiment, lors de son ouverture, en 1977. C'était un « 27 octobre », il s'en souvient encore, l'immeuble était neuf, mais déjà « plein de défauts ».

Il avait quitté le Mali, la région de Kayes, quatre ans plus tôt, comme des milliers de compatriotes, chassés par la sécheresse au Sahel. Jamais il n'a hésité sur sa destination. Elle s'imposait à lui, l'émigration vers la France faisait partie de l'Histoire. Dès le début du XXe siècle, ses ancêtres de la vallée du fleuve Sénégal avaient été employés par les compagnies de navigation reliant la métropole et l'Afrique, puis l'armée les avaient recrutés comme tirailleurs, avant que l'industrie et le bâtiment aient besoin de main d'œuvre pour reconstruire la France d'après-guerre.

Enfant, Makan Camara entendait les récits de ceux qui, avant lui, avaient fait le voyage. « À l'école, le maître nous parlait de ce pays lointain, l'ancien colonisateur, des liens économiques et politiques avec le Mali, mais ce dont je me souviens avant tout, c'est des images qu'il nous montrait, des images de montagne et de neige. »

Ses amis, surtout les aînés, s'en vont les uns après les autres. « Ils envoyaient des petits courriers à leur famille, avec des sommes modiques, mais, pour nous, ça représentait beaucoup ». Lui aussi se décide à partir pour Bamako. De là, il relie l'Algérie en camions, puis s'envole pour l'Espagne. « J'ai fait le tour de la montagne en voitures-taxi » et « un beau jour de mars 1973, je suis arrivé à Lyon, à 4 heures du matin ». Il prend un train, direction Paris. Dans ses poches, il n'a rien, si ce n'est l'adresse d'un cousin installé dans l'un des plus anciens foyers de Montreuil.

« Nous avons partagé une petite piaule et voilà. La solidarité africaine, c'est chacun son tour. Il m'a dépanné jusqu'à ce que j'ai ma carte de travail. Je l'ai eu en 1974. À l'époque, ça allait vite, c'était les premiers arrivés, premiers servis. Tu pouvais même travailler sans autorisation, rien à voir avec aujourd'hui. »

Des emplois, il y en a partout. « Un copain m'a emmené chez Latex, entre Montreuil et Vincennes, une boîte de matériel militaire, où l'on fabriquait des ballons de sauvetage. C'est là que j'ai commencé, dans la maintenance. Ça ne m'a pas plu, alors je suis parti. J'ai trouvé une place dans un Monoprix à Neuilly-sur-Marne, comme surveillant et manutentionnaire. Mais, là non plus, ça ne m'a pas plu. J'ai ensuite été recruté par des boîtes sous-traitantes à la SNCF. Là, j'ai fait ma vie. J'y suis encore et j'y serai jusqu'à ma retraite. Je charge, je décharge. Je mets du sable dans les réservoirs pour freiner les trains. »

Le travail est une chose, la vie du foyer une autre. Dès son arrivée, Makan Camara devient l'un des porte-parole des résidents. Ses interlocuteurs sont les gestionnaires, d'abord le Bureau d'aide sociale de la Ville de Paris (Bas) puis, à partir de 1986, une association, l'Alpi. Les griefs s'accumulent. Ils concernent le bâti. « Le toit et la terrasse fuyaient, mais aussi certaines chambres, des toilettes et des douches, qui étaient inondées ». La grève des loyers, comme levier de pression. « Pendant ces années-là, on s'est souvent mis en mouvement contre les gestionnaires. Nous sommes passés à plusieurs reprises au tribunal. Mais on nous répondait que la responsabilité des murs incombait au propriétaire, qui était l'Habitat communautaire.

Il y a eu des coupures de redevance, car qui dit grève, dit prestations arrêtées. Les résidents ne payaient plus le gestionnaire, mais versaient leur part au comité des résidents, qui s'appelait l'Association des résidents du foyer de la Commanderie. Un jour, le Bas a fait placer des espèces de contreplaqués sur les murs du couloir pour cacher la misère. Ils espéraient nous calmer avec ça, mais ça n'a pas suffit, la grève s'est répétée, répétée. Un autre jour, en mai 1985, ils ont fait venir la police, parce qu'on ne payait pas. On a été complètement encerclés par 200 ou 300 policiers. Ils sont entrés dans les chambres et ont fait beaucoup de dégâts. Ça a fait un énorme tohu-bohu, et, évidemment, ça n'a rien réglé, au contraire, ça n'a produit que du désastre. »

L'un après l'autre, le Bas puis l'Alpi abandonnent. Les résidents se retrouvent seuls à bord. Commencent alors six années d'autogestion. Makan Camara est aux commandes, avec deux autres résidents. « Nous nous occupions de tout ce qu'il y avait à faire, des petits travaux au quotidien. On faisait appel à des artisans ou à des entreprises, pour l'électricité, les fuites d'eau, l'arrêt du gaz ou du chauffage. Mais, la toiture, on ne pouvait pas le faire. Nous étions de simples travailleurs et nous ne pouvions plus continuer à gérer le foyer nous-mêmes. »

La décision est prise de solliciter un gestionnaire susceptible d'entreprendre les travaux attendus. Des associations sont appelées à la rescousse. « Nous avons multiplié les démarches, nous sommes allés voir l'Aftam, la Soundiata, l'Assotraf et d'autres, mais tous ces gestionnaires avaient des problèmes financiers avec leurs foyers. On s'est alors tournés vers la préfecture de Paris, avenue Daumesnil dans le 12e arrondissement, on s'est confiés à eux. Ils nous ont donné un délai de trois ou quatre ans. Et ce sont eux qui nous ont trouvé l'actuel gérant. »

En 2001, l'ex-Sonactra reprend les rênes, à la demande de l'État et après vérification des comptes. Les résidents font définitivement le deuil de l'autogestion. Et font face aux exigences du nouveau gestionnaire. « Il y avait un directeur, qui est parti depuis, dont les propos étaient menaçants. Il venait comme s'il connaissait les Africains mieux qu'eux-mêmes. Lors des réunions, il disait que nous devions oublier nos habitudes, et cela pour notre bien. De juillet à octobre, il y a toujours eu les vendeurs de maïs devant le foyer, c'est comme ça. On sait que ça fait mauvais visage aux voisins de passage, mais ce sont des gens sans revenus, qui se débrouillent comme ils peuvent et qui ne sont pas dangereux. Lui ne voulait plus entendre parler de ça. Un jour, il a amené des inspecteurs pour les balancer. Ça n'empêche, les vendeurs sont revenus ».

Un autre point de friction reste irrésolu. Au cours des travaux, l'ancienne mosquée est transformée en chambres individuelles. Mais les croyants continuent de prier, là où c'est possible, dans une petite salle « polyvalente » au rez-de-chaussée ou sur chaque palier, dans des recoins. « Voyez ce tapis qui est là, c'est comme ça qu'on fait. Quand vous sortez de ce couloir, il y a une espèce de hall. Moi je prends ça, on se met à plusieurs, on trouve un imam pour les gens de notre couloir et on fait la prière là-bas. Comme ça, c'est moins visible pour l'Adoma. »

Makan Camara ne fait plus partie du comité des résidents. Son équipe, jugée insuffisamment ferme sur la salle de prière, n'a pas été réélue. « C'est comme ça, on a passé le relais ». Lui est plutôt satisfait du résultat des travaux. Il est passé du premier étage, au rez-de-chaussée. « Le chantier, ça a duré longtemps. Avant même que ça commence, il a fallu réunir des partenaires financiers. Ça a pris du temps, ça n'a pas été facile. Maintenant, les chambres sont plus petites. En fait, la superficie est la même qu'avant, mais les toilettes et les douches sont à l'intérieur, donc ça apparaît moins grand. Ici, c'est du 16 m^2, c'est exceptionnel, la majorité sont des 13. La cuisine, c'est bon de l'avoir dans la chambre. Avant, ce qui me gênait, c'était le flux des gens qui venaient de l'extérieur, ce flux on ne pouvait pas l'arrêter. »

Ce « flux », le gestionnaire l'appelle les « surnuméraires ». En plus des 300 résidents, l'Adoma, en 2001, en recense 130, qui tirent les matelas de sous les lits, une fois la nuit tombée. La capacité du foyer ayant augmenté, certains d'entre eux, à l'issue des travaux, se voient attribuer une chambre à leur nom. Pas n'importe lesquels : ceux dont les titres de séjour sont en règle. Les autres, les sans-papiers, sont orientés vers la porte de sortie. Pour empêcher les installations irrégulières, les architectes réorganisent l'espace.

« L'Adoma a tout calculé. Ce flux montait dans chaque étage et venait faire la cuisine le week-end, ça lui coûtait cher en eau, en gaz, en électricité. En mettant chacun dans sa petite piaule, ils ont divisé leurs charges par cent. Maintenant, les lits sont cloués par terre. On ne peut plus les bouger et on ne peut rien glisser en dessous. En plus, dans la plupart des chambres, entre le lit et la porte des toilettes, il n'y a pas assez de place pour mettre un matelas. C'est fait exprès. La grande majorité des surplus, c'est comme ça qu'on les appelait aussi, ils ne sont plus là. Ils viennent dans la journée et vers 20 heures, ils rentrent chez eux, à Aubervilliers, où ils se mettent à deux ou trois pour louer une piaule. Les vendeurs de maïs, c'est comme ça. »

« On n'est pas tous d'accord sur les travaux. Certains sont mécontents, ils pensent qu'on aurait dû rester comme avant. C'est vrai que les loyers ont beaucoup augmenté. Il y a dix ans, je payais 750 francs, maintenant, c'est 386 euros. Mais les prix ont flambé partout, alors... »

Makan Camara est à deux ou trois ans de la retraite, « si la santé me conduit jusque-là ». Pour réunir ses années de cotisation, il devra travailler au-delà de 60 ans, malgré la pénibilité de ses emplois.

Il trouve qu'il a vieilli. Il sort moins du foyer. Il a besoin de tranquillité. Après avoir beaucoup milité dans sa jeunesse, il ne lui reste que des fonctions syndicales dans son entreprise, « c'est ma dernière activité, prendre la parole devant 5 à 10 personnes, parler comme il faut, exprimer mes idées, c'est ça qui me tient ». « Avant, je rentrais tard au foyer, ma vie était ailleurs. Maintenant, quand je rentre, vers 18 heures ou 19 heures, je suis fatigué. Je me mets sur le lit. Il y a la télé, les gens viennent discuter dans la chambre. On met le câble et on regarde les chaînes du pays. »

À 59 ans, il pense déjà « que ça ne va peut-être plus durer longtemps ». Il pense à son ami, Hademou Kamara, arrivé comme lui en 1977 à la Commanderie, compagnon des luttes, décédé avant la fin des travaux.

Malgré ses idées noires, il n'envisage pas de rentrer au Mali. « Rentrer complètement, non, je ne l'imagine pas. Comme tous les travailleurs immigrants, Africains ou Maghrébins, je veux faire des allers-retours, tant que le titre de séjour me le permet. Retourner là-bas ? Cette idée est obscure. J'ai trop fait ici, j'ai trop vécu ici, j'ai trop appris ici. Là-bas, les gens de ma génération, ils m'ont oublié ou peut-être que je les ai oubliés. »

Réhabiliter

Souhila Kellaci

[Réhabiliter v.t. : 2. Remettre en état, rénover un immeuble, un quartier ancien]

**1 chantier en milieu occupé. 4 ans de travaux. 10 ans de dialogue.
400 logements individuels et autonomes créés. 600 déménagements.
21 millions d'euros investis.**

L'énumération des chiffres clés de la réhabilitation du foyer de la Commanderie traduit l'ampleur de la mission accomplie par Adoma avec ses partenaires de l'ambitieux Plan de Traitement des Foyers de Travailleurs Migrants conduit par la Ville de Paris. Adoma a conjugué tous ses efforts financiers, humains et organisationnels afin de rendre possible ce premier chantier d'envergure, ouvrant ainsi la porte à tous les autres. Avant d'être porté par des chiffres, ce projet a vu le jour grâce aux équipes qui y ont contribué et qui ont ainsi rendu possible cette restructuration complète du bâtiment avec le maintien des résidents *in situ*. Car bien évidemment au cœur des préoccupations et des motivations de tous : ce sont les résidents qui ont marqué le rythme du projet. Ces travailleurs migrants qui ont un jour décidé de faire du foyer une étape de leur vie, un point de repère dans une existence marquée par l'exode, la séparation et le sacrifice. Ceux-là mêmes qui méritent un regard à la hauteur de leur histoire, une lecture plus humaine qu'arithmétique et qui ne dissocient pas leur parcours de la mutation du bâti. Vincent Leroux a eu le talent de ressentir cette atmosphère propre aux lieux chargés d'une histoire particulière et de la restituer avec déférence. Les résidents, poignants, nous livrent ainsi des témoignages qui vous confirmeront que non, cette réhabilitation n'a pas été qu'une question de chiffres.

[Réhabiliter v.t. : 1. Faire recouvrer à quelqu'un l'estime, la considération d'autrui]

Un nouveau projet de vie

Pascale Boistard

Un foyer de travailleurs migrants est un lieu de résidence, un lieu de vie. La réhabilitation d'un tel établissement n'est pas qu'une affaire de travaux, c'est aussi la création d'un nouveau projet de vie qui implique une dimension sociale et culturelle pour ses résidents.

Dès 2005, la Ville de Paris a voulu reprendre le pilotage des réhabilitations des foyers parisiens. Il fallait rompre avec un immobilisme dont les premières victimes étaient les résidents. Vivre en foyer dans les conditions qui étaient les leurs, n'était pas un choix pour eux, mais le seul moyen d'avoir un lit et un toit comme le montrent très bien les témoignages de ce livre. Il fallait leur permettre d'accéder à des logements dignes et autonomes.

Le foyer Commanderie fait partie des premières réalisations dont les travaux s'achèvent. Les murs ont bougé. Ils ne sont qu'un cadre neuf pour la renaissance d'un lieu de vie, riche de son passé, mais qui doit aussi savoir évoluer avec son temps. Ce foyer qui porte encore le nom de la rue où il se situe, aura bientôt sa nouvelle identité, ce qui mettra enfin un terme à une stigmatisation qui n'avait que trop duré.

Cet ouvrage est le témoignage de ce changement, témoignage humain, émouvant d'hommes venus de loin pour travailler en France et qui retrouvent enfin un lieu qui les respecte.

Même si le dialogue n'est pas toujours aisé, tant à cause de promesses anciennes maintes fois non tenues, que de l'inquiétude de se projeter dans un futur théorique, il est un élément primordial et incontournable de la réussite de ces réalisations. La multiplicité des témoignages et leur grande diversité montrent qu'essayer de prendre en compte les attentes de chacun, tout en proposant un cadre global et cohérent, est un défi important auquel le projet d'établissement devra répondre.

Chaque réhabilitation est une aventure humaine qui implique les résidents, le gestionnaire, les élus, les associations. Cet ouvrage en est la preuve, à la fois par les portraits des habitants du foyer, mais aussi par les photographies qui montrent l'évolution spectaculaire de l'établissement. C'est un travail qui s'inscrit dans la réalité de ceux qui vivent quotidiennement dans ce foyer, des personnes qui sont éloignées de leurs proches. Ces parcours de vie sont dévoilés avec beaucoup de respect et d'humanité.

Soutenir le projet de Vincent Leroux était nécessaire afin de conserver une mémoire pour les habitants du foyer et du quartier. Il nous permet d'avoir ces nécessaires témoignages qui font que demain personne ne pourra dire que ces lieux de vie et leurs habitants n'ont pas d'histoire.

Ce travail artistique de proximité montre ainsi qu'il est possible, même si les difficultés de réalisation sont parfois importantes, de recréer des foyers qui respectent leurs résidents.

Vincent Leroux est membre du collectif de photographes TempsMachine

Carine Fouteau est journaliste à Mediapart

Souhila Kellaci est directrice départementale Adoma

Pascale Boistard est adjointe au Maire de Paris
en charge de l'Intégration et des Étrangers non Communautaires

Ce travail photographique a reçu le soutien de :
la Mairie de Paris, la Préfecture de la région Île-de-France, Préfecture de Paris,
l'ACSÉ et Adoma.

Cet ouvrage est dédié à la mémoire de M. Hademou Kamara dit "Nabakha"

Je remercie chaleureusement le comité des résidents du foyer Commanderie et son délégué M. Doucoure, pour avoir accepté le principe de ce travail, ainsi que les résidents pour leur disponibilité et la confiance qu'ils m'ont accordées.

Je tiens à remercier Alain Fournier, Manya Abdeddaim, Souhila Kellaci, Pascale Boistard, Christophe Pichaud, Damien Durand, Hamid Abdelouhab, Florent Perret, Claire-Line Vandestoc, Laetitia Guidec, Juliette Fouché, Pélagie N'Guessan, GTM, Hassène Amazit, Karim Benkoula, M. Amiaz et l'ensemble des travailleurs rencontrés sur le chantier.

Je remercie également Dominique Doan, Carine Fouteau, Elsa Ossart, Béatrice Villemant, Christo, Antoine Perrot, Yannick Labrousse, Patrice Normand, Ariane Chottin et Aurélie Mathigot.

graphisme
Béatrice Villemant

développements des films
I-Labo
Paris – France

impression
Delta Color
Nîmes – France

achevé d'imprimer décembre 2010
dépôt légal janvier 2011
ISBN 978-29536873-1-6